Pensées éparses et parsemées

Lydia Montigny

Pensées éparses et parsemées…

… ou dérives au fil des vies…

©2017, Lydia Montigny

Éditeur : BoD-Books on Demand, 12/14 rond-point des Champs Élysées, 75008 Paris, France
Impression : BoD-Books on Demand, Norderstedt, Allemagne
ISBN : 978-2-322-09964-1

Dépôt légal : Novembre 2017

PENSER...

C'est toute la force invisible

d'un ETRE...

COGITO, ERGO SUM

Je pense et je me dis...

Tant de questions dans le silence
Et de réponses qui se balancent
Dans l'invisible du secret
Et le sang de la réalité...
Tout ce qui est en notre âme
Brille comme une flamme
Et si le corps ne pense pas
La passion l'animera...
Je pense et je ne suis
Qu'un électron de l'univers,
Cette liberté qui s'écrit
Entre Ciel, Terre, et Mer...

On peut regarder une chose

et en voir une autre,

mais on ne peut voir le plus important

car seul le cœur sait...

HOMMAGE DU 4 VI 2017

Rose blanche, blanche rose…
Qu'importe, c'est la même chose…
Elle pleure le sang qui coule encore
Dans le grand froid de la mort…
Les roses rouges sont fanées
Et jonchent partout le pavé…
Roses noires en souvenir
De la folie de leur empire…
Rosa alba… elle sera là, jour et nuit
Pour la Paix, l'Amour… la Vie…

SIXIEME SENS

Double 2
Double 6
Simple face
Pour un as
Double jeu
I-dé-fixe
Je me tue
A dire tu
Je dis toi
E-Tu-Dis moi
Mais sans tu
Je ne vis +
Sens inversé
Ça tombe sous le sens
Les dés s'élancent
Simple chance
La vie a un sens
Pas insensé
Sixième sens
Du double sens…

CHAUSSONS !

Tu rêves à ces bottes de sept lieux
Qui t'emmèneraient vers d'autres cieux
Et avant d'y mettre du foin
De manière cavalière soudain
Tu décides sous d'autres latitudes
De bousculer tes habitudes…

Quelles pantoufles de pantouflard
Traînent la savate dans le tard
De Richelieu à Nevers,
N'en déplaise à Molière ?…
Balzac n'est pas ridicule
Car pour lui nulle mule
N'a la grâce d'une ballerine
Fût-elle blanche comme un cygne…

Je chausserai mes escarpins
Talons aiguille si hauts, si fins,
Et danserai jusqu'à demain
Sans piétiner tes mocassins !
Ton pas léger dans ce quadrille
Ne se fait pas en espadrille…

…/…

…/…

Bon pied, bon œil, ou pied-montaise
Dans tes godasses, tu es à l'aise
En grandes pompes, ou en sandales
La vie sans rire est un scandale…
Et je rêve d'un prince charmant
Sage va-nu-pieds, heureux errant…

N'existe-t-il à ce jour

aucun discours assez long

pour réunir tous les hommes

de tous les pays du monde ?...

... Juste un « OUI » suffirait ...

A poursuivre toutes ces ombres à la fois,

il faudrait savoir choisir :

celles de l'imagination ou celles de la vie...

...Alors soit la lumière... !

Graffiti
Au crayon HB noir
Arabesque d'espoir
Je gribouille sans savoir
L'œuvre d'un Renoir…

Graffiti
Des tags à la bombe
Je flague aux grandes lettres
Les couleurs du mal être
Et les ombres s'y fondent…

Graffiti
A l'éponge ou au pinceau
L'aquarelle s'exprime
C'est là tout mon crime !
L'art est un fardeau …

Graffiti
Je tague mon mur
D'un meilleur futur
La pluie pourra tomber
Mon idéal est sculpté…

Message en graffiti
Ou fresque clandestine
Nos cœurs se dessinent
Sur le mur de la vie…

Le sourire

est un rayon de

Bonheur… !

... LE TROU...

Il a beau être Rien
Ce néant béant,
On en parle souvent,
Un prétexte pour combien !?

C'est le vide absolu
Qui fait chanter le vent
Ou choir l'inconnu
Qui se relève bougonnant !

On le fait au jardin
Aligné au cordeau
Une graine et de l'eau
Au soleil du matin :
Il sera abondance...

Quel est cet instrument
Où la bise passe et danse ?
Si le souffle est facile
Les pas sont si fragiles :
Les notes passent en sifflant...

Certains connaissent l'abîme
D'une automnale mémoire,
Les feuilles n'ont plus de rimes
Et les veillées sont sans histoires...

.../...

.../...

De Dean, un apnéiste
N'en connait que le bleu
Il serait même « troublant »
Et là, comme un trouvère
Je chante le trou-blanc
Immense et artistique...
L'arc en ciel est heureux
D'encercler ce trou d'air...

Qui es-tu qui me lit ?
As-tu vu la missive
Qui nous lie là à la vie
Elusive et furtive ?
Elle te dit : « tu dévies,
Tu dérives »... et tu ris !...
Tu relies et esquives
Les lignes se suivent...
Es-tu là et me lis ?
J'attends là ton avis...

LA VINGTIEME PAGE

La page se tournait. Mais non, c'était lui, Danny, qui tournait la feuille de papier jaune avec ses lignes bleu ciel et, une fois tournée et de nouveau à plat, il écrivit en haut à droite ne numéro vingt qu'il encercla, et sourit. Vingt pages qu'il avait sorties traitant en long et en large de Jeanne d'Arc, la pucelle d'Orléans, une héroïne – si ce n'est pas le plus grand héros de l'histoire de France – chef de guerre et Sainte de l'Eglise catholique, la fille d'Isabelle Rommée et Jacques d'Arc, et pour le Pape Pie III « l'admirable, la stupéfiante Vierge ». Aujourd'hui, c'est une femme d'une grande renommée mais elle le fut aussi à son époque. Certaines femmes sont allées même jusqu'à se présenter comme étant Jeanne d'Arc. Elles proclamèrent avoir échappé aux flammes mais leur imposture fut vite dépistée pour la majorité des cas, car Jeanne des Armoises et Jeanne de Sermaises avaient réussi à faire croire que réellement elles étaient Jeanne d'Arc. Pour la vraie Jeanne ou Jeannette, on ne sait pas exactement son âge, calculé par la supposition qu'elle soit venue au monde vers 1412 à Domrémy en Lorraine et qu'elle mourut le 30 Mai 1431 brûlée à Rouen, capitale du duché de Normandie alors possession du royaume d'Angleterre.

.../...

.../...

Dans son analyse qui allait bientôt faire vingt pages – celle-là serait la dernière – Danny avait noté toutes les interprétations de Jeanne : patriotiques, nationalistes, socialiste, humanistes, féministes et encore capitalistes car l'image de Jeanne est « une valeur sûre » dans le domaine de la pub. On la voit sur son cheval blanc, en armure, tenant son étendard brodé. Pure et sans tache, son image se trouve sur des produits qui nettoient comme un savon de Marseille, un détachant «sans auréole», ou bien un fromage de Champagne. En ce moment, il aurait bien mangé un bout de fromage sur un morceau de baguette. Il avait faim. L'examen avait commencé à 10 heures et devait finir à 13 heures. Bien sûr, on pouvait quitter la salle avant, mais ce n'est pas bien vu des profs de partir trop tôt. Et puis, c'était un sujet qu'il aimait. Il avait choisi la question sur Jeanne d'Arc plutôt que l'autre sur la Renaissance : une nouvelle façon de penser, une nouvelle vision du monde. Et puis la troisième, certainement choisie par Adrian Poole, l'autre prof d'histoire est un royaliste fanatique : « Le Siècle de Louis XIV ». Ce n'était vraiment pas une question mais plutôt une invitation à redire tout ce que Poole leur avait raconté sur le génie de Louis XIV.

.../...

…/…

Son regard fit un panoramique des étudiants dans la salle devant lui. Assis à la sixième sur sept rangées de chaises, il voyait presque tout le monde. Ils étaient 28 à passer l'examen d'histoire –une matière obligatoire pour leur deuxième année. Elaine, une grande étudiante aux courts cheveux frisés le regardait et elle attrapa son regard et lui fit son petit sourire « à la souris » qui lui faisait retrousser le nez. Danny lui envoya une silencieuse expression rieuse imaginant son accent de Birmingham. Dans le coin en première ligne, il voyait Keith. C'était atypique de le voir devant, mais il était arrivé en retard et avait dû prendre un siège devant pour ne pas déranger ceux qui avaient déjà entamé l'épreuve. Keith était plus âgé que la plupart des étudiants, ayant laissé tomber ses études pendant trois ans lorsqu'il habitait dans un squat près de la gare de Kings Cross à Londres. C'était un groupe d'anarchistes et Keith en faisait partie comme un skinhead rouge opposé au capitalisme et antifasciste. Danny avait beaucoup d'admiration pour Keith qui ne mâchait pas ses mots et parlait avec le cœur sur les lèvres, assistant aux piquets de grève dans l'industrie automobile ou des mineurs qui s'opposaient à la fermeture de leurs puits. Le plus remarquable était son soutien intransigeant pour l'Armée Républicaine Irlandaise.

…/…

…/…

Le regard panoramique de Danny telle une caméra, accolait les destinées de ses camarades de cours. Ils étaient en plein mois de juin. L'année universitaire 78-79 se terminait en Angleterre, mais tous ces jeunes anglais allaient partir en automne pour peut-être la plus grande aventure de leur vie : passer un an en France. Tous allaient dans différents établissements de Rennes à Nice et de Lille à Bordeaux. Et donc, la partie normale, la partie typique, la partie tout à fait essentielle et caractéristique de leur vie et de leur identité allait devenir exotique, particulière, étrange ou curieuse, car ces jeunes tous dans la vingtaine allaient être entourés d'un monde nouveau et sujet au regard des Français qui eux, s'attendraient à ce qu'ils prennent leur thé tous les jours à quatre heures de l'après-midi, qu'ils s'alimentent de fish and chips dans du papier journal et boivent des lacs de bière tous les samedis soirs, tout en tenant à leur sacré fair-play British.

Pour eux tous, le monde allait basculer, ils reviendraient transformés de leur année outre-manche, tous un petit peu plus français, quelques-uns devenus entièrement francophile allant jusqu'à dédicacer leur vie à leur propre francisation. Mais

…/…

…/…

pour l'instant, il fallait finir la vingtième page. Jeanne d'Arc fut une femme qui porta des armes avec force et honneur comme le témoigna Jean d'Orléans, un de ses compagnons d'armes au siège d'Orléans. Pour lui, elle était douée d'un bon sens et un chef indéniablement charismatique. En tout cas, Jeanne va sur tous les terrains, une sainte aimée des catholiques et la première patriote pour le monde séculaire. Elle a défendu le sol de France, mais de plus, elle en est morte devint donc un de ces vaincus qui baignent tout de même dans la gloire comme Vercingétorix ou Napoléon. Parfois, la défaite valorise le personnage qui a tenu jusqu'au bout à ses principes. Quoi de plus fair-play, dernière phrase et point à la ligne.

Danny ramassa ses crayons et son stylo. Il prit ses vingt pages et les porta à la surveillante. Anna une étudiante allemande en quatrième année qui faisait le job de surveillant pour compléter sa bourses d'études. Elle le regardait par-dessus ses lunettes de lecture. Elle sourit en disant : « viel Glück in Frankreich ».

Quel est ce breuvage
De lune et de nuages ?
Si mon encre a sa couleur
C'est pour écrire en bonheur
Les mots de cette nuit
Dans ce ciel infini...

VIPERES

Vous parlez de Justice
Sans défaut et sans vice
Vous plaidez la malice
Quand l'instant est propice...
Vous semez la discorde
Et vous tendez la corde !
Vous n'êtes qu'une horde
D'enragés du désordre !
Votre amour ? C'est la guerre
Sans pitié et sans loi,
Vous êtes ces vipères
Qu'il faut tuer deux fois !
Pourtant vous avez peur
De l'inconnu vengeur,
Vous semez la terreur
Chamade de vos cœurs.
Vos assauts n'ont de cesse
Qu'au soupir d'une détresse,
Lâcheté sans faiblesse
C'est l'hymne de vos bassesses...
Rien ne vous sert de fuir
Prisonniers du délire...
Nous saurons vous sourire
En vous voyant « mourir »...

L'ombre et la lumière

ne peuvent exister

l'une sans l'autre….

….ni l'autre sans lune !...

LA CONFIANCE

La confiance, c'est de monter en haut de l'échelle.
La trahison, c'est de scier les barreaux sous ces pieds...

La confiance, c'est d'écouter cette petite voix qui dit : « grimpe en haut, encore un effort, l'effort rend fort, monte encore »...

La trahison, c'est de s'entendre dire : « tu n'y arriveras pas, tu as le vertige, tu vas tomber »...

La confiance, c'est de regarder vers le haut... pas vers le bas,
C'est de vouloir arriver au barreau le plus haut, et ne pas redescendre au premier...

C'est de croire en la vérité...

CINEMA

SCENE 1
La salle de projection est pleine, bruyante...
Il est assis, jambes croisées, impatient
La lumière se dissipe, le rideau se lève dans le silence...

SCENE 2
Le film se déroule sur l'écran géant.
La musique scande les battements de son cœur
C'est éprouvant, et si émouvant... les actions défilent, s'enchainent...

SCENE 3
Il fait chaud... Il se mord l'ongle, respire plus vide, le regard fixé sur la toile...
Le suspense est à son comble, l'angoisse est sublime, voire perceptible...

SCENE 4
Le film arrive à sa fin, et le héros ne mourra pas ce soir... il a déjoué tous les pièges, et c'est pour ça qu'il reste le héros !...

.../...

…/…

SCENE 5
A cette heure, les rues de la ville sont tranquilles…
La salle doucement se vide dans les lumières tamisées…
Il va pouvoir se lever et rentrer chez lui…
Il regarde une dernière fois le rideau qui est retombé, ce rideau… qui bouge…
Mais qui se cache derrière ce rideau ???

Entre le Mirage et la Survie ?

Il y a les pas faits dans le grand désert...

Mais la Survie à ce Mirage

c'est LA CONNAISSANCE... et les pas feront le reste...

LE BANC DES ACCUSES

Prenez place, et attendez,
Attendez de vous entendre dire
Vos fautes et péchés,
Vous vous ferez maudire
Pour ce dont vous rêviez
A peine ce que vous fisses…
Quelle troublante justice…

Sur le banc des accusés,
Coupables et innocents,
Aux bracelets d'acier blanc
Attendent les sonnets…
… Levez-vous de ce banc
Je suis lasse d'attendre,
Mon corps ne porte plus
Ce poids si obsédant…
Je suis coupable de n'entendre
Que la vérité, toute la vérité… voire plus…

Dans le Jeu, il y a les dés,

la chance, le hasard, la réflexion, l'intelligence,…

et puis le Jeu du Je,

de soi-même,

ou de tes dés…

… Tu as gagné !...

Le chemin de notre vie est fait de tant d'épreuves...
Ne cherchons pas le négatif, le dérisoire, ou l'inutile...

... mais trouvons simplement ce qu'il faut en retenir :

l'enseignement que la Vie nous confie...

La solitude

n'est pas

une tristesse,

mais elle est la réflexion,

comme la lecture d'un livre

qu'on ferait en silence

pour ne pas révéler

le trésor qui s'y trouve :

… nous-mêmes…

Qui es-tu qui me lit ?
As-tu vu la missive
Qui nous lie là à la vie
Elusive et furtive ?
Elle te dit : « tu dévies,
Tu dérives »... et tu ris !...
Tu relies et esquives
Les lignes se suivent...
Es-tu là et me lis ?
J'attends là ton avis...

Dans un **SOUPIR**,

Il y a le **SOU**ffle d'un regret

Parce que l'on croit échouer

Et le SOUrIRE pour braver le **PIR**e,

Parce que l'on va y arriver…

COMPRENDRE

Il est facile de comprendre les mots, les phrases, les livres...

Lorsque chaque mot est à sa place, accompagné d'une belle ponctuation, lorsque les sujets et verbes correspondent aux temps justes... mais il reste au lecteur d'apprécier ou pas, de comprendre ou pas... et qu'y a-t-il de compréhensible... ou pas ?

Comprendre ne veut pas dire être d'accord... on s'accorde des plages de compréhension, on fait la démarche d'aller vers une révélation, on va au-devant pour connaître, mais ce n'est pas pour autant que l'on acquiesce...

Mais refuser de comprendre, c'est anticiper ce qui est déjà compris pour le rejeter immédiatement, c'est obstruer sa vision, refuser de se grandir, fermer son cœur à toute forme de partage et de tolérance, c'est ne plus avancer, refuser d'évoluer...

... Et là, on entend le claquement d'un livre qui se referme !... le mien reste ouvert...

L'élégance du cœur

se lit dans

la beauté

d'un regard...

BOULE ET BILLE

Où roule cette boule ?...
De verre ou de terre
On la joue par terre,
En boule ou en colère
On ne s'y met, ni on la perd !
Boule de neige et son effet,
Elle est parfois en acier
Il y en a même en cristal
Mais l'ivoire est plus ancestral !...
Dans les traboules
La boule roule...
De boule de gomme
En bubble-gum
Les bulles claquent !
Les boules de gaïac
Roulent sur le green
La pétanque n'a pas le spleen
Et son « petit » roule sa bille...
Blanche bille académique,
Le billard est artistique.
Où file cette bille ?
Il est tôt... le soleil brille !

Par-delà le virtuel, nous évoluons dans un monde sensoriel, visuel… et par-delà ce monde visuel, nous créons un monde virtuel…

Certaines données ne s'effacent pas, elles constituent une mémoire…

D'autres sont insaisissables tels les sentiments, la réflexion, l'intelligence…

Cela dit, nous appartenons tous à un même monde… Mais lequel ?

Lire

et relire...

...sans se lasser...

en découvrant un nouveau sens,

une nouvelle sensation

à chaque lecture,

à chaque relecture...

... telle est la raison

pour laquelle l'écrivain

prend et reprend sa plume...

UN POINT

Quel plaisir de te connaître à ce point...

Quel point ?

Au point d'avoir plaisir à croire qu'au moment où je m'apprêtais à écrire cette phrase, elle était déjà lue dans tes yeux...

... Et elle te fait sourire...

Quel est cet accessoire
Qui, du matin au soir
Peut vous estampiller
De « personne distinguée » ?
Le temps et les saisons
Sont son jeu, sa raison !
Perché sur votre pomme
Il toise, haut de (sa) forme,
De paille ou panama,
Borsalino est là !
A plumes ou bien pointu,
Bien bas, je vous salue… !

… « CHAPEAU » !

L'espérance

C'est la lumière qui illumine notre chemin,

et l'ombre sur laquelle se posent nos pas….

PORTRAIT SOUS-TITRE

Devant l'uniformité
D'un mur blanc glacé
Tu as fait un portrait
Plus vrai que ton reflet

Tu as tracé un trait
Bien droit et d'un seul trait
Sur un tableau azuré
Alpha-jet en X-ray,
Puis quelques courbes distraites
En boucles s'enchevêtrent…

Même les traits tirés
Ne tire pas un trait…
D'esprit, tu as le trait !
Nul tiret ne soustrait
Et tu tires ce portrait
En mille et mille traits…
Son attrait te distrait
Charme vrai, non abstrait…

CONJUGAISON

Je vole
Tu l'élances
Il plume
Nous tournons
Vous vrillez
Ils se posent...

IDENTITES REMARQUABLES

Le printemps, les fleurs, le Bonheur...
Les fleurs du bonheur au printemps
Le bonheur en fleur au printemps
Le printemps du bonheur fleuri
Le printemps fleuri de bonheur
La fleur de printemps du bonheur
Le bonheur du printemps en fleur
Le Bonheur, les fleurs, ... et puis... l'été !...

713705

7... C'est le premier chiffre à écrire, puis ceux –là :

1... sur une calculatrice, l'affaire cela fera...

3... secondes pour lire le résultat

7... et voilà ! le mot est affiché là

0... ou bien comme ça ? à l'envers, la tête en bas ?

5... Bravo ! Tourne et retourne... Le SOLEIL !

L'ART

On peut aimer l'Art d'un certain fouillis, mais en réalité, on ne se sent véritablement tranquille et en toute quiétude que lorsque les choses sont à leur place...

Mais si nous étions réellement en paix, alors peut-être que les choses seraient exactement rangées et en ce cas, certains y chercheraient l'Art...

Chers livres, chers amis,

Voici déjà l'automne !
Parez-vous de trombones
Si le vent vous soucie
Car il vole les pages
Aux écrivains trop sages...

Les oiseaux de papier
Aux plumes imprimées
Offrent en pagination
Une pure émotion...

Chers livres, chers amis,
Voici l'origami
De cette poésie
En tendre fantaisie !

SIMPLICITE...

Il est facile de dire « oui » ET « non »...

... mais c'est être humble de savoir dire « oui » OU « non »... simplement...

« QUE LA LUMIERE SOIT ! »

Magicien de la nuit
La lumière est ton amie,
Tu l'as apprivoisée,
Tu l'as même capturée !...
La foule est venue voir
L'artiste si célèbre,
Mais un profond mal-être
L'envahi dans le noir…
Tu poses un petit rond
De lumière magicienne
Sur cette immense scène :
Il s'y réfugie d'un fond !
Et selon ton humeur
Les spectacles s'animent
Sous les couleurs divines
Des prismes du bonheur !
Tout le monde applaudit
La star éphémère,
Sans ton ombre, leur vie
Ne serait qu'un Hier…
Qu'on ne s'y trompe pas
L'artiste, … C'est toi !...

L'animal le plus sauvage tuera sa proie sous l'emprise de la faim, de la peur, dans son instinct de survie...

... tandis que l'Homme est capable de n'importe quelle tuerie au nom de n'importe quelle conviction...

ADAGE

Personne n'effacera le Monde
Personne ne brisera cette immense ronde
Que nous faisons main dans la main
Depuis Hier jusqu'à demain…
Le Monde n'est pas une feuille de papier
Où l'on écrit des mots abstraits,
Puisque les autres sont cachés
Entre silence et vérité…
Nous en faisons un beau pliage
Origami de notre cœur,
Un cœur qui n'a jamais peur…
Cette force invincible reste son adage…

Un oiseau a traversé le temps,

les montagnes, les plaines,

les rivières et les mers,

il est venu de ton livre

pour se poser sur la feuille

où je t'écris...

LA PETITE SOURIS

Quelle leste adresse
De liesse et de finesse
A cette bestiole
Adorable ratagnole… !
Elle déjoue les pièges
Et autres stratagèmes,
On la dit verte ou grise
En quête de gourmandises !...
La faim est son dilemme
La ruse, son solfège !
Le chat est son problème ?
Ils en font un manège !
Regardez, elle pointe son nez ici
Jolie petite souris !...

Mélange les lettres, mélange les mots
Les idées sont des flots
En verlan, en argot,
En binaire, en robot,
Dérange les lettres, range les mots,
Dans mon cœur il fait beau…

CHAUSSURE

Si je devais être chaussure
Je vous amuserais, c'est sûr !

Je marcherais, talon aiguille,
Pour tes jolies chevilles,
Ton chaloupé, jolie brindille,
Ravirait ton pas tranquille…

Je déambulerais sans rivale
De ta simple sandale
Discrète et abbatiale…
Pour le sable, c'est idéal :
Il entre et sitôt en détale !

Je danserais, belle ballerine
Sous la lueur qui satine
Ton élégance quand tu t'inclines…
Ton étoile serait divine…

J'avoue aimer marcher pieds-nus
Mais c'est la nature qui l'a voulue…

L'impossible n'est pas,
Puisque le possible est dans la pensée...
A savoir si la force de la volonté
Sera là... et là, j'y crois...

MORT D'UN I PHONE

Est-ce l'image de la solitude
Qui nous plonge dans l'incertitude,
Le regard de ce chien mouillé
Désespéré, abandonné,
Et tous vos gestes connectés
A une surréalité ?...
Est-ce au contraire la liberté,
Le retour à la vie vraie
Les chaînes qu'on a brisées
Sous un orage glacé,
Se trouver devant l'inconnu
… Votre image n'aura pas disparu…

Les verbes

se conjuguent...

...

les pronoms

se déclinent...

VIE DE CHAT OU DE CHIEN...

« Je m'étais installé
En pacha, enchanté
De trouver le plus mérité
Des canapés... douillet !...
Après un bâillement
J'émis un long soupir
Avant de l'endormir...

Je me laissais flotter
Sur la rivière des rêves
Me laissant dériver...
Béatitude brève !
Voici que j'aboyais
Après un dinosaure
Mauve au regard d'or...
Fallait-il le poursuivre ?
Pourrais-je y survivre ?
C'était peut-être un jeu... !
Mais j'appréciais l'enjeu...
Ma vie de chien disait
Que l'homme est mon ami,
C'est ma vie pour sa vie...
Alors je suis parti
Le chercher sous la pluie
Et j'étais horrifié
De le voir tout mouillé !

.../...

…/…

J'ai porté l'animal,
Ce chat aux yeux opale
Qui ronronnait si fort
Mon rêve en tremble encore…

Et je l'ai installé
En pacha, enchanté
De lui faire partager
Mon canapé douillet… »

Vie de Chat ou de Chien
Qui apprivoise enfin
L'animal ou l'humain ?
Toi, tu le sais, c'est certain…

MATHEMATIQUES

Si le soleil est un onyx
A l'abscisse du monde
Alors la terre est ronde
Et la lune est son x !

LE LION

Dans la matinale savane
Doucement, il s'éveille
Chatouillé par le soleil…
Il souffle sur la poussière
Lourde et encore tiède d'hier
Et ses muscles comme des lianes
S'étirent longuement dans son râle…
Humant l'air, il se dresse alors
Ouvrant ses grands yeux d'or.
En silence, d'un pas lent,
Il ondule de tout son corps
Epiant l'ombre des rameaux lourds
Félin sauvage et rugissant
Ton cœur est brut, sans détour…
Qui est ta proie dans tes yeux d'or ?

L'inconscience…

C'est cette détermination légère

avec laquelle on écarte un

« peut-être »,

d'un chemin qui existe à peine…

…et pourtant…

… Et il comprit tout le sens de ce livre

lorsque le rêve et le sommeil se posèrent sur son âme

telle la brume au crépuscule

sur les étangs brillants…

Ce n'est pas forcément le

« trop plein »

qui nous comble et sature notre vie,

mais plutôt le

« trop vide »

qui nous anéantit...

Tu peux lire un livre dans toutes les positions : assis dans la maison, dehors en pleine nature, debout adossé à un arbre, couché sur le dos dans le sable, sur le côté dans le jardin, une brindille entre les dents, à plat ventre sur le lit...

Tu peux imaginer toutes les positions pour lire tranquillement... mais si l'idée te venait de t'installer les jambes en l'air et la tête en bas (pourquoi pas ? !), n'oublie pas, en ramassant ton livre à la bonne page, ... de le retourner !...

Bonne lecture !...

LA FORCE

La force... elle naît en chacun de nous
Elle ne peut que grandir si nous lui donnons la place
Elle nous invite, modeste audace,
A conquérir le monde... mais par-dessus tout
Si je l'oubliais, ou en doutais un instant,
Dis-moi que tu serais toujours là... forcément...

DE ME LIRE

Chaque mot que j'écris
Est si vide de sens
Et les lignes, de dépit,
Passent sous silence...
Encore une page blanche
Mon cœur est avalanche...
Je cherche la lumière,
L'idée, ou l'étincelle,
Mais je reste prisonnière
Tel un oiseau sans aile...
J'ai brisé mon crayon
En mille et un morceaux
Chiffonné mes brouillons
Et leur jungle de mots...
J'ai bien failli, tu sais,
Croire que tu ne reviendrais plus,
Mais tu es venu et as lu
Tous mes mots et pensées...
Laisse-moi juste te dire
Merci... de me lire...

LA BALANCOIRE

Se balancer entre le rêve et la réalité,

entre hier et demain,

entre je jour et la nuit,

entre l'apesanteur et la force centrifuge

... comment trouver le sommeil... ?

APPRENDRE A ETRE FORT

Tant que tu apprendras à construire ces gigantesques châteaux de cartes qu'un simple battement d'ailes de papillon réduirait à néant...

...je resterai la dernière carte à ne jamais vouloir tomber... pour ne pas te voir pleurer...

SUR LES CHEMINS DE GRASSE

Un petit âne gris
S'en allait à petits pas
Sur les chemins poussiéreux
Traversant la Provence...
L'air était chaud, et lui, si las...
La cigale chantait dans un pin,
Je tenais un bouquet d'une main
De fleurs cueillies ci et là...
Il a fallu que la providence
Nous fisse nous croiser ce jour-là...
Oh ! Petit âne gris !
J'ai vu dans tes grands yeux
Tant de tendresse et désarroi !...
... Tu as bu de l'eau du puits
Et mangé toutes les fleurs
Ta tête appuyée contre moi.
Et puis tu es parti
Gentil petit âne gris...
Depuis ce jour l'eau du puits
A le parfum de toutes ces fleurs
Et le Mistral porte le bruit
Des petits pas d'un âne gris...

IMPROBABLE DECLINAISON

J'écris
Tu liseuses
Elle comptine
Nous déclinaisons
Vous relecturez
Ils récréationnent

Petite roulotte dans un champ,
Loin de la ville et loin du temps,
Abrite du bruit de ces gens
Une Manouche aux yeux d'enfant.
Son univers aux chants d'oiseaux
La fait sourire sous le soleil,
Même les fleurs et les abeilles
Jouent dans le vent à peine chaud...
Cet oasis n'appartient
Qu'au filagramme de son cœur...
Si tu soufflais sur ce bonheur
Il n'existerait pas de Demain.
Ce n'est pas un adage taquin
Sinon à quoi sert ce chemin
Si ta main n'est pas dans sa main ?
Et à quoi servirait Demain
Puisque sans toi, elle n'a plus
... Personne... rien : tout l'absolu...
Son seul est de donner
Aveuglément et sans compter
Tout l'amour qu'elle a dans le cœur...
C'est la roulotte du bonheur...

Il n'y a pas de mots incompréhensibles...

Il y a juste d'incompréhensibles maux...

Le Miracle ?

Est-ce un Hasard ?...
… Si le hasard peut trouver une explication, aussi infime soit-elle, mathématique, philosophique, improbable dans le temps, ou autre, alors pour le miracle, il n'en est rien…

Le miracle est par-delà le hasard, et ce qu'a fait le hasard une fois, il tient au miracle seul de le réitérer…

Le miracle naît là où l'on n'espérait plus, là où le hasard s'est éteint, laissant place au néant…

Il faut toujours croire à l'incroyable, à moins qu'il ne faille l'appeler CHANCE ?...

La façon dont tu ouvriras ta porte demain,

Dépend de celle dont tu l'auras fermée hier…

Les rides sont comme les diamants :
C'est la valeur des sentiments
Qui les taille si précieusement,
Et c'est la force des combats
Qui leur donne leur éclat...

Le chemin de notre vie est fait de tant d'épreuves….

Ne cherchons pas le négatif, le dérisoire ou l'inutile,

Mais trouvons simplement ce qu'il faut en retenir :

L'enseignement que la vie nous confie…

...Merci !...

Je voudrais pendant quelques instants, mettre le temps sur « Pause », pour dire ce mot que l'on dit trop peu, et si peu souvent, et si souvent sans conviction, juste par politesse, ce mot magique et respectueux, ce mot qui va de cœur à cœur, ce mot simple comme une note de musique et qui rend belle la vie de celui qui le vit, et de celui qui le reçoit...

Alors sur un grand pont entre chacun de nous, apprécions cette petite « Pause » ...

« MERCI »...